PROLOG: Gerüst

Es gab viele Spekulationen.

Und es hieß, als »alles-was-ist« so neu war, daß der scharfe Geruch der Schöpfung noch in der Luft lag, hinter den Planen, den Senkschnüren und dem Gerüst, die das unbefleckte Vakuum vor seinem lautlosen und erwartungsvollen Publikum verbargen, vor der großen Enthüllung hieß es, drinnen sei die Dunkelheit so tief, daß es nur ein dunkler und endloser Ozean sein könne.

Und so war es.

Und während die ängstlichen Menschenmassen geduldig warteten, da kam auf diesem Ozean in dem staubigen Gerüst ein Floß daher, und in gegenüberliegenden Ecken saßen zwei Freunde.
Als sie sich dort in der Stille und der Dunkelheit wiederfanden, wußten sie noch nichts voneinander. Einer war neugierig und hatte versucht ein Bild von sich zu formen. Er spürte sich und entschied, daß er in Ordnung war. Durchschnittlich, um genau zu sein.
Und da er sonst niemanden hatte, mit dem er sich vergleichen konnte, hatte er natürlich recht. Er war vollkommen durchschnittlich.
Die andere saß einfach nur da. Sie konzentrierte sich darauf, Gedanken zu formen. Nichts weiter.
Schließlich sprach sie zu der Dunkelheit um sie her.
   »Es sollte etwas trockenes Land geben«, flüsterte sie.
Er zuckte zusammen. »Was?! Was war das?«
   »Ich bin hier«, sagte sie sanft, »wir sind hier zusammen.«

Und sie trieben miteinander, existierten miteinander, treibend.

Sie sagte: »Es sollte etwas trockenes Land geben. Wir können nicht ewig umhertreiben, wir brauchen eine Welt, auf der wir leben können.«
Sie sah ihren Freund an. »Wirst du das für mich tun? Wirst du etwas trockenes Land finden?«
   »Wird es auf dieser Welt Menschen geben?« fragte er.
Sie dachte darüber nach, und schließlich nickte sie. »Ja.«
   »Wie lange wird es dauern, bis du die Menschen machst?«
   »Alles wird trockenes Land brauchen«, sagte sie. »Tauch auf den Grund, hol etwas _____ dann kannst <u>du</u> die Menschen machen.«
Und so geschah es.

Und obwohl er nur einen winzigen Bruchteil der Zeit fort war, die sie allein miteinan___ hatten, schien er eine schrecklich lange Zeit verschwunden zu sein, denn nun war die Zeit durch die ein_____gen Ereignisse der wenigen vergangenen Augenblicke spürbar geworden. Fast länger, als sie es ertragen konn__. In ihr wuchs die Ungeduld.

Endlich tauchte er auf und rief nach ihr. Sie erwachte und erwiderte den Ruf und steuerte das Floß auf seine Stimme zu. Erschöpft kletterte er an Bord. All die Erde, die er am Grund des Ozeans gefunden hatte, war verschwunden bis auf den Schmutz unter seinen Fingernägeln. Sie kratzte diese Krümel zusammen und formte eine kleine, runde, matschige Kugel.
   »Das«, sagte sie, »ist die Welt.«
Er hielt die Welt in seiner Hand, und obwohl er noch immer nichts sehen konnte, fiel es ihm schwer, sich vorzustellen, daß viele Menschen darauf paßten.
   »Sie ist ziemlich klein«, sagte er.
Sie trat nach seiner Hand, und der kleine Ball aus Erde fiel über Bord.
Es gab ein Geräusch. Kein Platschen, sondern ein tiefes und furchterregendes Geräusch. Die beiden Freunde klammerten sich in der Schwärze aneinander.
Und das Floß lief auf Grund.

Die beiden Freunde standen auf.

»Kann ich jetzt ein paar Menschen machen?« fragte er.

»Laß uns erst aus diesem Floß steigen, dann sehen wir weiter.«

Aus ihrer Ungeduld war Zufriedenheit geworden. Sie war froh über die Welt. Sie fühlte sich gut an unter ihren Füßen.

»Willst du die Welt wirklich mit noch mehr einzelnem verderben?«

Aber er hörte nicht zu. Er griff sich bereits Hände voll Erde und formte seine ersten Menschen. Sie waren ziemlich mißlungen, aber allmählich wurde er immer geschickter. Er formte den Lehm, bis er sich so anfühlte, wie er sich selbst immer hatte fühlen wollen. Er erkannte, daß sie schön waren. Er erkannte, daß er schön war. Und mit diesem Wissen entstanden immer mehr Menschen.

»Ich finde wirklich, du solltest etwas anderes versuchen«, sagte sie.

»Was denn? Menschen kann ich gut.«

»Versuch ein Schaf«, schlug sie vor.

Er legte die Hände in den Schoß. »Okay«, sagte er.

Er machte ein Schaf und beschrieb es ihr.

»Hört sich eher nach einem weiteren Menschen an«, sagte sie.

»Vielleicht sollte es nicht auf zwei Beinen herumlaufen.«

Er probierte viele Dinge aus. Ein paar davon schlug sie vor. Er wurde immer unzufriedener, weil er seine Zeit mit ihren unsinnigen Ideen verschwendete.

Die anfängliche Aufregung verblaßte zur Routine.

Als er ein Schaf gemacht hatte, das klein und pelzig war, mit acht Beinen und hundert Augen, sagte sie, er werde albern.

»Wie kann ich unter diesen Bedingungen arbeiten«, schrie er. »Ich kann überhaupt nichts sehen, ich stolpere hier herum, ich kann mich vor mißlungenen Schafen nicht bewegen, die Menschen sind unruhig ...«

Auch sie fühlte sich unruhig, sie spürte ein anderes Leben in sich.

»Es sollte etwas Licht hier geben«, sagte sie.

»Wirklich? Wann, jetzt? Wie wird es aussehen?« fragte er aufgeregt.

»Wir werden sehen«, sagte sie.

Sie konzentrierte sich. Sie sangen Lieder zusammen. Und schließlich spürte sie, wie sich das Leben in ihr regte. In dem Gewebe, das sie umgab, öffnete sich ein Spalt, und Licht flutete herein. Ihre Augen hatten noch nie Licht empfangen, und sie waren von seiner Weiße geblendet. Das Licht zog über sie hinweg, und als sie sich daran gewöhnt hatten, wurde es intensiver und blendete sie wieder. Das Licht verblaßte genauso plötzlich, wie es erschienen war, und ließ die beiden Freunde blinzelnd allein in der Dunkelheit zurück. Sie beobachteten die tanzenden Farben und Muster, die in ihren Augen schwirrten und sie mit der Erkenntnis zurückließen, daß diese Visionen nichts mit der Welt zu tun hatten, die sie geschaffen hatten. Sie hatten nichts gesehen.

Eine Zeitlang saßen sie nur da.

»Was jetzt?« flüsterte sie.
»Alles geht schief, nicht wahr? So hatte ich mir das nicht vorgestellt.«

Sie saßen schweigend da und schliefen ein.

In der Nacht wurden sie von Träumen geplagt.
Er wachte auf und spürte einen Menschen in seiner Nähe.
»Hast du es verstanden?«
Der Mann setzte sich auf. »Was?«
»Den Sinn? Die Visionen, nachdem das Licht verblaßt war. Das waren alles Lügen. Sie waren nicht wirklich.«
»Ich weiß«, sagte er.
»Woher weißt du dann, daß der Rest wirklich ist?«
»Ich kann es fühlen.«
»Aber du hast die Visionen gesehen.«
»Was willst du damit sagen?«
»Du bist verrückt. Du hast mich und die anderen erschaffen, aber wir sind nur Produkte deiner Phantasie. Genau wie die Welt und diese Visionen.«
»Aber sie ist wirklich.«
»Sie ist deine letzte Verrücktheit. Du bist ein verrückter alter Kerl, der den Verstand verloren hat und mitten auf dem Ozean Selbstgespräche führt.«
Und das Ding, das seine Träume heimgesucht hatte, hielt ihn fest und ließ nicht los. Und ihm kamen Zweifel, und die Muster verschwanden, und dann spürte er, wie die Menschen verblaßten, die Schafe, die Welt, alles löste sich auf, und er trieb wieder dahin, aber diesmal in einem schwarzen, schwarzen Meer des Zweifels. Und dann verschwand das Floß mit den beiden Freunden am Horizont.

Aber etwas blieb zurück. Der Gedanke. Die Möglichkeit. Ein Keim. Eine Gleichung. Etwas nistete sich unter den Planen, den Senkschnüren und dem Gerüst ein, und als die große Enthüllung stattfand, war das tiefe, schwarze Vakuum alles andere als makellos.

E n d e

Am Anfang war das Ende.

Lange bevor irgend etwas über die Vorstellung des Lebens nachdachte, existierte ein öder, frostiger Geist.

Und in seinem tiefen und unruhigen Schlaf träumte er einen Traum, der seiner Existenz Sinn geben würde, und nachdem der Traum zu Ende war, erwachte der Geist und wiederholte ihn sich viele Male, um sich an jede Einzelheit zu erinnern, einschließlich der Stelle, an der ihm der Traum einen Namen gab.
   »Tod« sagte der Geist zu sich selbst, und der Klang entfaltete sich langsam in seinem Atem.

Und der Tod machte sich daran, den Traum zu erfüllen. Er konzentrierte seine Gedanken, ließ sie in seinem Kopf kreisen und explodieren. Zuerst waren sie leuchtend und intensiv, voller Licht und Phantasie, aber mit der Zeit fingen sie an, sich zu trüben. Die Farben verblaßten zu eintönigem, traurigem Ocker, aus dem Licht wurde eine stumpfe, pochende Düsternis, welche die Tempel des Todes verwüstete. Der Tod hielt verzweifelt seinen Kopf und fürchtete, der Traum würde niemals wahr werden.

Und dann geschah etwas Seltsames. In dem kranken und verdorbenen Tümpel überdrüssiger Gedanken entstand Leben. Ein einfaches, vergiftetes Leben, aber dennoch ein Leben. Der Tod hegte es mit Liebe und Sorgfalt. Es gedieh in seiner stickigen, hoffnungslosen Welt und saugte dem Tod all seine Kraft aus. Aber der Tod bemerkte es nicht, denn all seine Aufmerksamkeit galt den sich teilenden und vermehrenden, unvollständigen Geschöpfen in seinem Inneren. Und als der Virus den Tod vollständig ausgezehrt hatte, lebte er weiter in dem vertrockneten Sarkophag des Todes.

Tod beinhaltet Leben.

Und bald gab es die Erde und einen Garten
und seltsame, schöne, wunderbare Wesen, die
im Schein einer gelben Sonne Lieder sangen
und Geschichten erzählten.
Aber alles muß schlafen, und während dieser
kleinen Tode geht der Traum weiter und
erinnert alles an seinen Anfang.
Am Anfang stand das Ende.
Und manchmal schauen sie hinter die
künstlichen Fassaden des Seins und erblicken
die kalte Hülle des Todes, die alles umgibt.

E n d e

Am Anfang war Ruhe.

Nicht unbedingt die Ruhe vor dem Sturm, eher eine Art Ruhe vor einer noch stilleren Ruhe.

Das war für sehr lange Zeit alles.

Bis Gott Seine gewaltigen blauen Arme erhob und den Schlamm des Universums aufwühlte und Ihn ein riesiger Wirbel umkreiste, in dessen Innerstem Er Seine Welt schuf. Inspiriert von dem Chaos, das um Ihn herum niederprasselte, schuf Gott Leben, wild und rasend, das in alle Richtungen davonstob und sich unablässig veränderte, um mehr und immer mehr leuchtende Muster und Strukturen zu schaffen und die Welt mit einem Sturm aus Farben und Formen zu erfüllen.

»Nun, *das* war interessant«, sagte Gott und hielt die Welt in Seinen allumfassenden Armen und schlief ein.

Langsam sank der Schlamm des Universums wieder, und als der Wirbel nachließ, kam alles wieder zur Ruhe.

Als Gott erwachte, sah Er, daß das Leben ohne Ihn tätig gewesen war. Überall gab es Lebewesen, und als sich der Staub des Universums gelegt hatte, da hatte sich auf der Welt auch eine natürliche Ordnung eingestellt, mit dem Menschen als Anführer. Aber der Mensch hatte riesige, turmhohe Gebäude zu Seinen himmlischen Ehren errichtet, und ihre Spitzen kratzten Seinen Bauch. Ja, in einigen Weltgegenden stieß sich der Mensch häufig den Kopf an Seiner alles umfassenden Bläue. Und als Er sah, wie eine Frau Klumpen Seines himmlischen Blaus schöpfte, um eine Suppe für ihre Kinder zu kochen, stellte Er fest, daß Er als selbstverständlich betrachtet wurde.
»So eine Frechheit«, sagte Gott und hob Seinen unermeßlichen Körper über die Wolken und den Menschen aus dem Weg.

Die Zeit löschte die Erinnerungen an Gott, den Wirbel, die Schöpfung, den Schlamm des Universums und die kreisende Galaxie aus dem Gedächtnis der Menschen, und schließlich erkannte Gott, daß Er zwar nicht als selbstverständlich betrachtet, aber auch nicht vergessen werden wollte.
Also entschloß Er Sich zu einem Besuch.

Seine Göttlichkeit stieg auf die Erde hinab und besuchte einen Menschen stellvertretend für alle Menschen und stellte diesem Menschen eine endlose Aufgabe, um ihn zu beschäftigen, auf daß er Gott niemals vergesse.
»Vor langer Zeit«, sagte Gott, »setzte ich allein die Räder der Zeit in Bewegung. Nun mußt du etwas finden, um die Zeit hier auf deiner Welt in Einklang zu halten.«
»Aber wonach suche ich?« fragte der Mensch.
»Ach«, sagte Gott, »das mußt du selbst herausfinden.«

Der Mensch machte sich auf, von Enthusiasmus beflügelt, aber noch immer ein wenig unsicher.
Gott war mit Sich zufrieden. Er trank Wein und aß Früchte, um Seine glänzende Idee zu feiern.
Er wurde ziemlich betrunken.
Inzwischen hatte der Mensch nachgedacht. Ihm kamen Zweifel an dem ganzen Unternehmen, und er wünschte sich sehnlichst, er könnte hören, was Gott hinter seinem Rücken sprach. Dann hatte er eine Idee.

»Was ist das für eine seltsame Kreatur?« fragte Gott.
Unter einem Baum saß ein pelziges, vierbeiniges Tier mit einem Schnabel und langem, zerzaustem Haar. Es gurrte vor sich hin und aß Trauben.
»Ich erinnere mich nicht an dieses Tier«, sagte Gott, und Er rief alle Tiere zu Sich.

»Was ist das?« fragte Gott.
Keiner wußte es.
Der Affe, der stets auffallen wollte, machte ein paar unpassende Vorschläge, aber er irrte sich offenbar.
»Wo ist der Mensch?« fragte die Katze. »Er weiß alles.«
Gott, der inzwischen wirklich ziemlich angeheitert war, konnte Sein Geheimnis nicht länger für Sich behalten und erzählte den Tieren von der endlosen, lächerlichen Aufgabe, die Er dem Menschen gestellt hatte.
»Aber wonach sucht er?« fragte der Affe, und Gott verriet es ihnen.

Und die Tiere lachten lange über die Torheit des Menschen und Gottes Klugheit.

Aber die seltsame Kreatur war verschwunden.
Sie kroch zurück in den Dschungel und entledigte sich des falschen Schnabels, des Fells und des aufgemalten Musters und richtete sich auf. Nun wußte der Mensch, wonach er suchte ...

»Nun«, sagte der Mensch, »ich bin zurück.«
Gott fühlte sich nicht besonders gut. »Du gibst schon auf?« *murmelte Gott.*
»Nein, ich habe das ›etwas‹ gefunden, nach dem du verlangt hast«, *und zog einen Kraken aus seinem Beutel. Der Krake verspritzte seine schwarze, wogende Tintenwolke, und alles versank in Dunkelheit, und ziemlich lange konnte niemand etwas sehen. Und der Mensch zog eine Eule aus seinem Beutel, und der weiß schimmernde Vogel stieg in den Himmel, und sein Licht ließ alle ein wenig sehen. Und zum Schluß zog der Mensch einen Singvogel aus seinem Beutel. Der Vogel sang, und die Sonne erhob sich aus der Luft, an den Himmel gezaubert durch die Süße des Liedes.*
Und Gott war sprachlos. Wie hatte Ihn dieser Mensch überlisten können?
Die Tage verstrichen, und die Jahre kamen und gingen im Einklang mit den Spiralen des Universums, aber im Laufe der Jahre vergaßen sie Seine Göttlichkeit. Sie betrachteten Ihn als selbstverständlich und verbrannten und befleckten Ihn, ohne nachzudenken. Statt dessen erinnerten sie sich an ihren eigenen Gott, den Menschen, der ihnen Tag und Nacht gab.

E n d e

*A*m Anfang schuf Gott die Welt, denn das konnte Er.

Er schuf ihre Landschaften, ihre Gewässer, ihre Lüfte und ihr Leben und machte sie zu Seinem Zuhause.

Das Leben war außerordentlich verlockend, endlose Vielfalt, immer im Wandel, immer vollkommen. Die Tiere liebten ihren Gott und führten ihr mannigfaltiges Dasein in Ehrfurcht vor Ihm.

Die Zeit verging, ein Blatt, sanft auf den Fingerspitzen einer Brise getragen.

»Manchmal«, sagte Gott zu einer Seiner Katzen, »ist es leicht, mit dem zufrieden zu sein, was mühelos gelingt, besonders wenn dir jeder sagt, daß es gut ist.«
Und Gott musterte die Welt, die Er geschaffen hatte, und sah, daß alles unbarmherzig vollkommen war.
»Ich kann alles erschaffen, meine Vorstellungskraft ist grenzenlos«, sagte Gott, »warum bin ich so unzufrieden mit meinem Werk?«
»Ich weiß nicht, ich finde, es ist gelungen«, sagte die Katze abwesend.
»Wahrscheinlich«, sagte Gott, »ich meine, es erfüllt seinen Zweck, in Ordnung, keine Frage. Aber irgendwie fragt man sich, was das alles soll, oder?«
»Nun, du hast sie gemacht«, sagte die Katze, »weißt du es nicht?«
»Na ja, wenn man das alles tatsächlich erschafft, ist es niemals ganz so ... verlockend, wie man es sich ursprünglich vorgestellt hat.«
Die Katze blickte wehmütig an ihrem Schöpfer vorbei.
»Ich mag besonders die Vögel«, sagte sie.
»Ja«, sagte Gott, »mir gefallen die Vögel auch.
Ach, ich weiß nicht, ich glaube, ich brauche eine Pause.«

Und die Zeit verging, das Leben einer Fliege, verschluckt von einem Fisch, der von einer Katze gefangen wird.

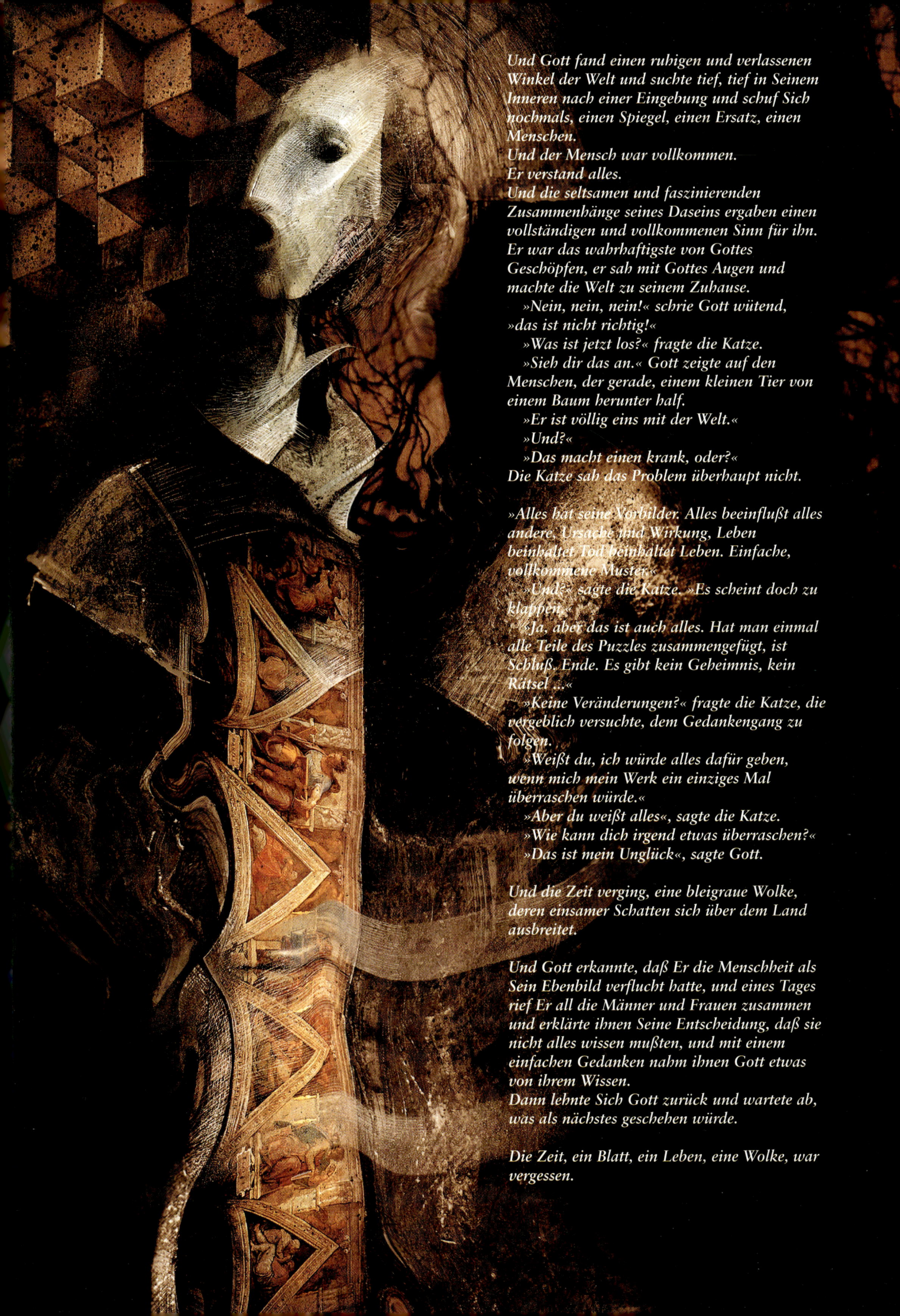

Und Gott fand einen ruhigen und verlassenen Winkel der Welt und suchte tief, tief in Seinem Inneren nach einer Eingebung und schuf Sich nochmals, einen Spiegel, einen Ersatz, einen Menschen.
Und der Mensch war vollkommen.
Er verstand alles.
Und die seltsamen und faszinierenden Zusammenhänge seines Daseins ergaben einen vollständigen und vollkommenen Sinn für ihn. Er war das wahrhaftigste von Gottes Geschöpfen, er sah mit Gottes Augen und machte die Welt zu seinem Zuhause.

»Nein, nein, nein!« schrie Gott wütend, »das ist nicht richtig!«

»Was ist jetzt los?« fragte die Katze.

»Sieh dir das an.« Gott zeigte auf den Menschen, der gerade, einem kleinen Tier von einem Baum herunter half.

»Er ist völlig eins mit der Welt.«

»Und?«

»Das macht einen krank, oder?«

Die Katze sah das Problem überhaupt nicht.

»Alles hat seine Vorbilder. Alles beeinflußt alles andere. Ursache und Wirkung, Leben beinhaltet Tod beinhaltet Leben. Einfache, vollkommene Muster.«

»Und?« sagte die Katze. »Es scheint doch zu klappen.«

»Ja, aber das ist auch alles. Hat man einmal alle Teile des Puzzles zusammengefügt, ist Schluß. Ende. Es gibt kein Geheimnis, kein Rätsel ...«

»Keine Veränderungen?« fragte die Katze, die vergeblich versuchte, dem Gedankengang zu folgen.

»Weißt du, ich würde alles dafür geben, wenn mich mein Werk ein einziges Mal überraschen würde.«

»Aber du weißt alles«, sagte die Katze. »Wie kann dich irgend etwas überraschen?«

»Das ist mein Unglück«, sagte Gott.

Und die Zeit verging, eine bleigraue Wolke, deren einsamer Schatten sich über dem Land ausbreitet.

Und Gott erkannte, daß Er die Menschheit als Sein Ebenbild verflucht hatte, und eines Tages rief Er all die Männer und Frauen zusammen und erklärte ihnen Seine Entscheidung, daß sie nicht alles wissen mußten, und mit einem einfachen Gedanken nahm ihnen Gott etwas von ihrem Wissen.
Dann lehnte Sich Gott zurück und wartete ab, was als nächstes geschehen würde.

Die Zeit, ein Blatt, ein Leben, eine Wolke, war vergessen.

»WAS HAST DU GETAN!«
Die Katze lief die Chaussee entlang, dorthin, wo sich Gott ausruhte.
»WAS ZUR HÖLLE IST HIER LOS! HAST DU GESEHEN, WAS SIE TUN?« *schrie die Katze.*
»Ja«, *sagte Gott*, »Erstaunlich, nicht wahr?«
»WAS! WAS! DU MACHST WITZE! DAS IST EIN SCHLECHTER WITZ, ODER?«
»Sie werden sich schon beruhigen, keine Angst.«
»KEINE ANGST?« *schrie die Katze*, »SIE SCHLACHTEN DIE TIERE, DIE VÖGEL, ALLES! DAS KANNST DU DOCH NICHT GEWOLLT HABEN?«
»Er ist unberechenbar, seine Unvollkommenheit macht ihn so wunderbar.«
»Das ist lächerlich! Ich weiß nicht, warum du das willst. Die Menschen sind verbittert und verwirrt.«
»Sie werden es verstehen«, *sagte Gott.*
»Oh, phantastisch, und wann? Bevor oder nachdem sie alles abgeschlachtet haben?«
»Ich habe keine Ahnung«, *meinte Gott*, »ist das nicht wunderbar?«
»Ich gebe auf, ich gebe auf. Du sagtest, du würdest alles geben, wenn du diesen ... diesen WAHNSINN erschaffen könntest! Nun, du kannst mir etwas geben, damit ich nicht mit diesen Verbrechern leben muß!«

Gott wurde wütend und wandte sich der Katze zu. »Du bist undankbar und des Lebens, das ich dir geschenkt habe, unwürdig. Ich will deine winselnden Klagen nie wieder hören. Wenn ich es mir recht überlege, bin ich euch alle leid!« *Gottes Worte richteten sich an alle Tiere.* »Euer schmeichlerisches Geplapper langweilt mich, ich nehme euch die Gabe zu sprechen, ich hoffe, daß euch das an die Gaben erinnert, die ihr noch besitzt!«
Und mit einem einfachen Gedanken nahm Gott den Tieren die Gabe zu sprechen.
Denn das konnte Er.

Inzwischen brannten die Fragen in den Herzen der Menschen heller als je zuvor. Sie suchten nach Antworten in Macht und Angst, in Lügen und Zerstörung.
Mit dem Blut der Opfer erschufen Künstler und Schriftsteller greifbare Verrücktheiten.
Und als Gott die Grausamkeit der menschlichen Niedertracht erkannte, hatten sie Ihn bereits eingekreist und forderten Seinen vollkommenen Kopf auf einem Pfahl.

„Ihr habt mich überrascht, meine wunderbaren, gepeinigten Geschöpfe", sagte Gott. Wie Wolken braute sich der Zorn der Menschen über Gott zusammen, und die Krieger griffen an.

Gott floh.
Selbst als die Verstecke entfernter und seltener wurden, nahm die Liebe, die Er für Seine Geschöpfe empfand, an Stärke zu.

Als die alten Waffen der Menschen schließlich Blut leckten, wurde Gott aus Seiner Welt vertrieben. Er ließ sie als geschundenes und blutiges Etwas zurück, verschmiertes Rot auf Schwärze, und Er ließ die Menschen endgültig und vollkommen allein.

E n d e

1. KAPITEL:
A b s t i e g

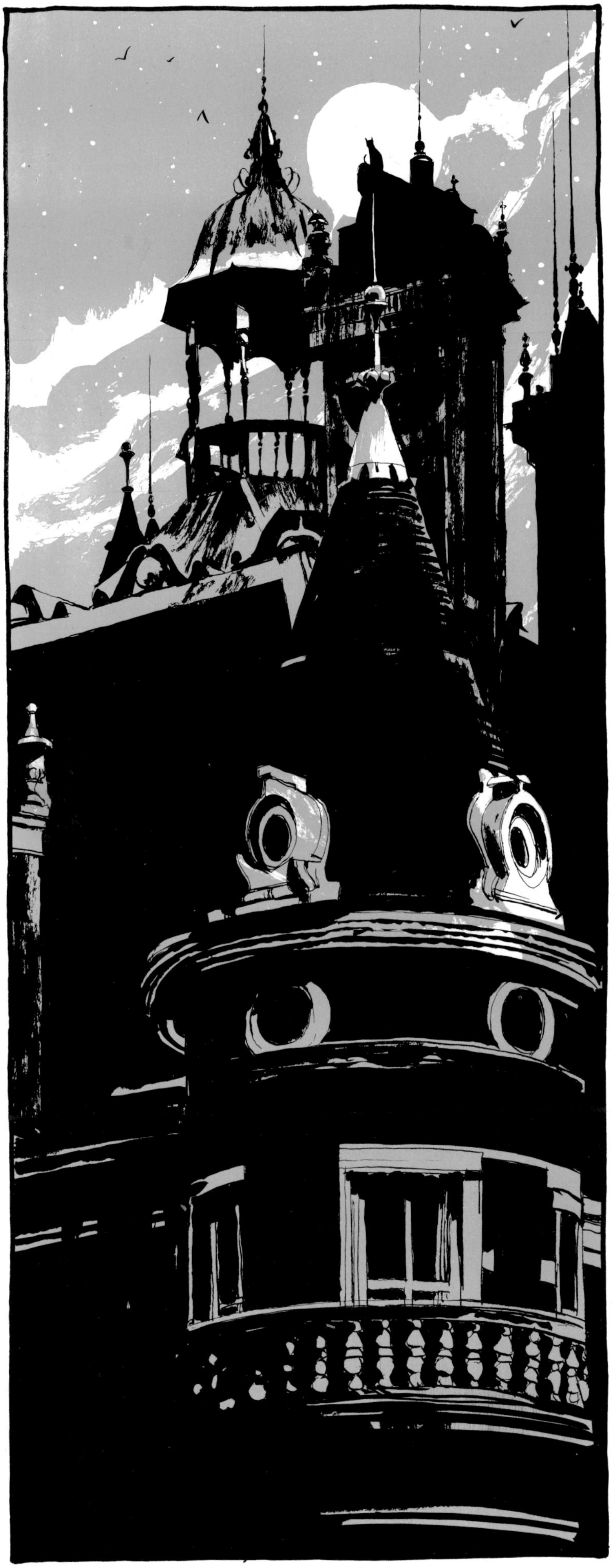
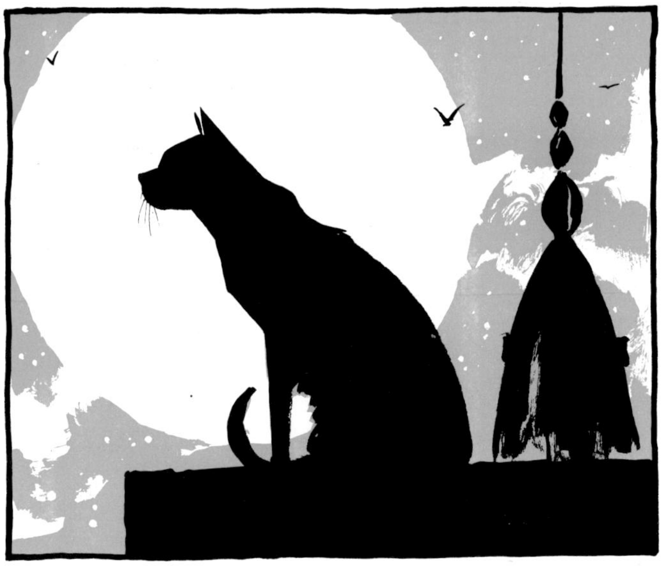
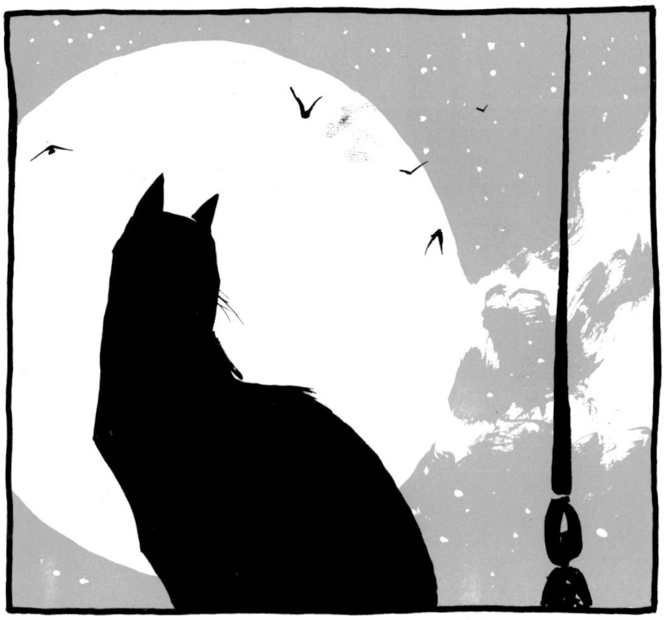
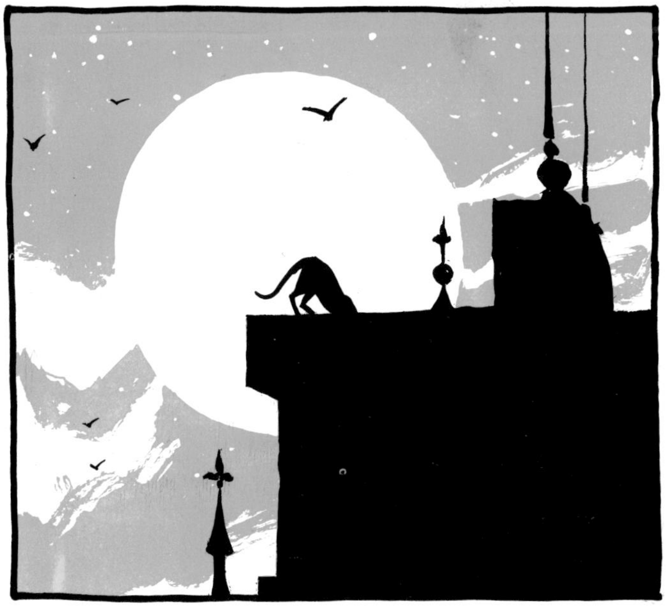

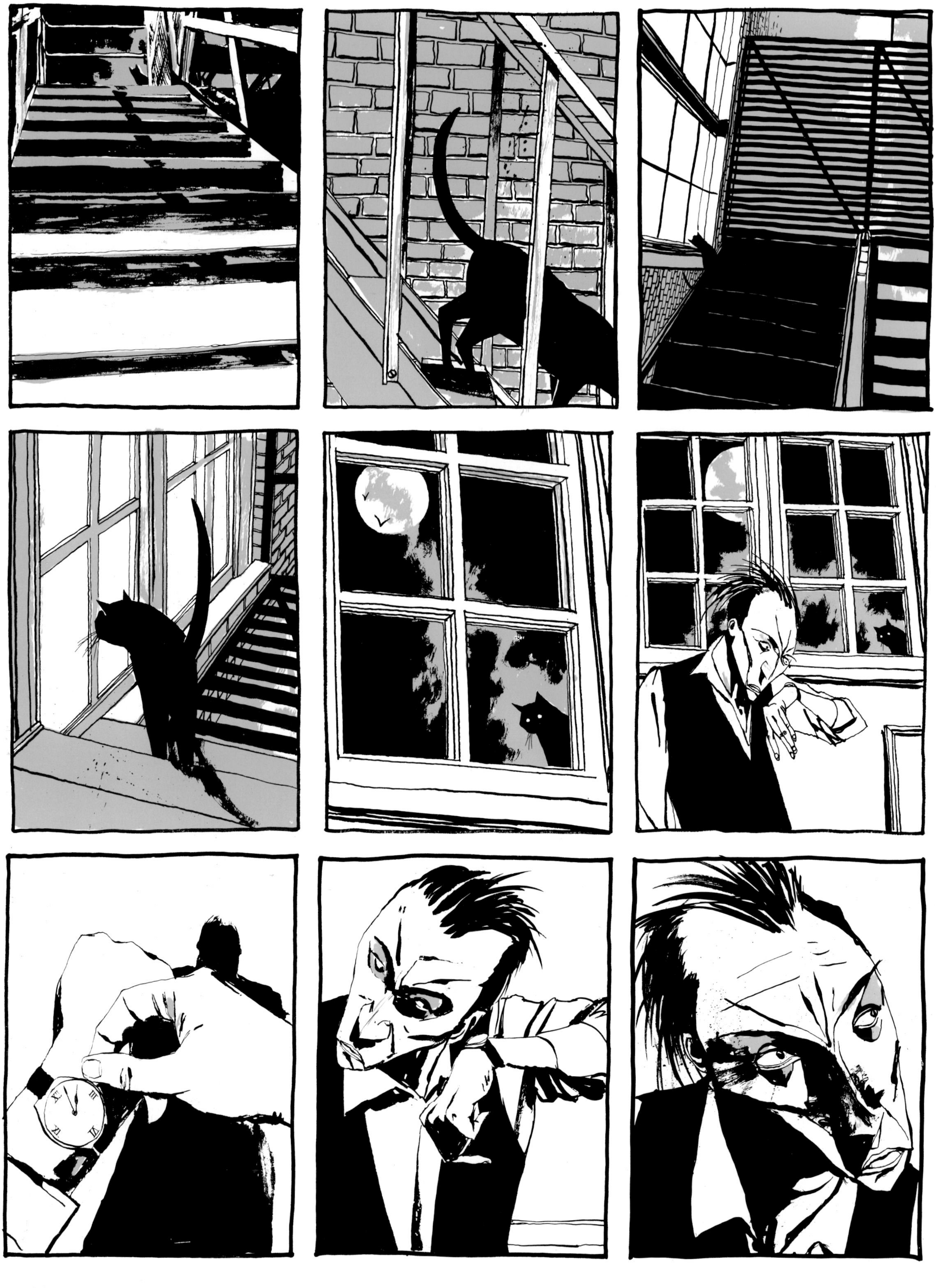

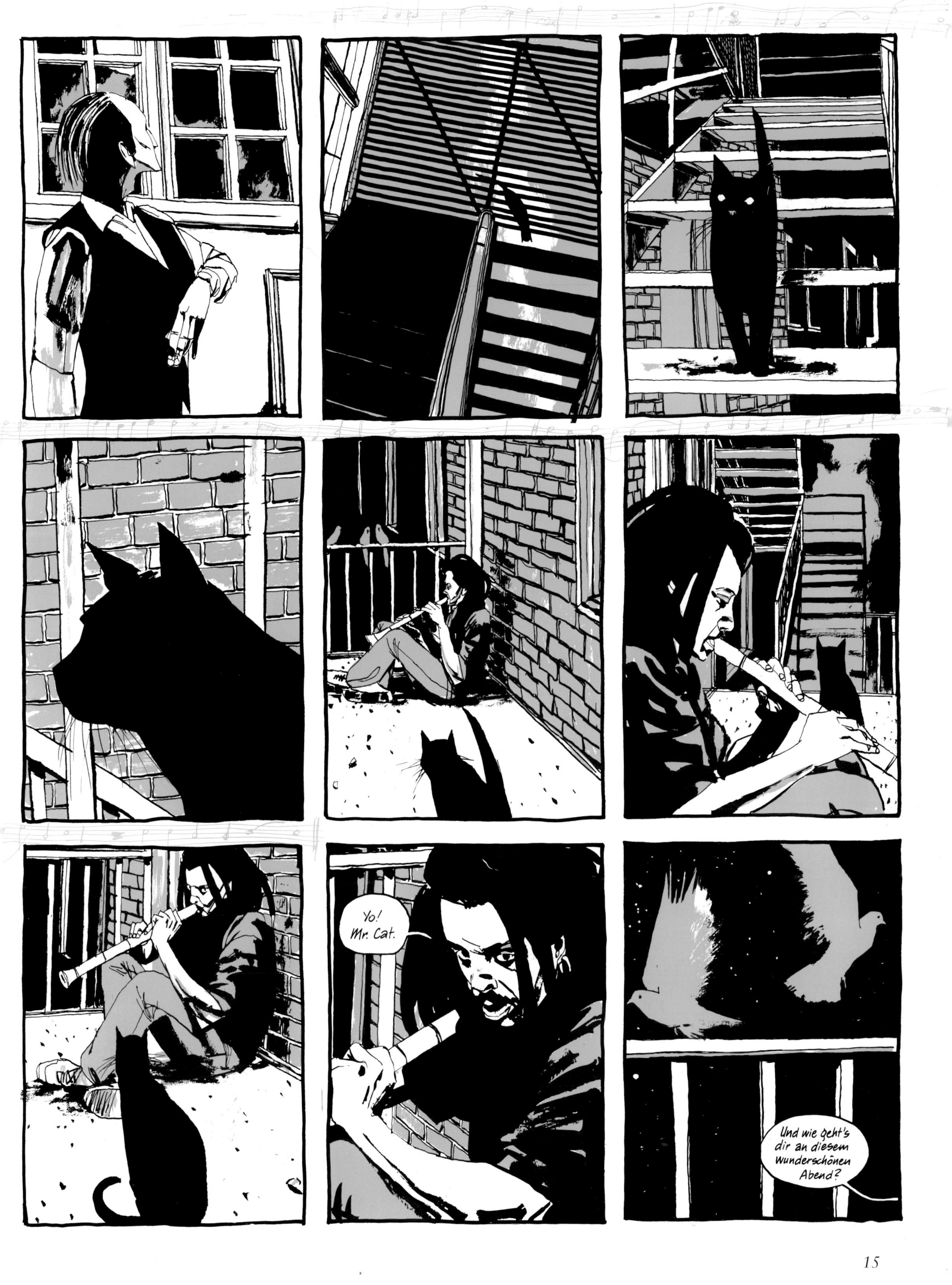
Yo! Mr. Cat.
Und wie geht's dir an diesem wunderschönen Abend?

Du bist wirklich der schläfrigste große Faulpelz, den ich je gesehen habe.

Eh? Mister Cat?

Ja, ja, schon recht.

Ist 'ne echt rabenschwarze Nacht, Mr. Cat.

Fühlt sich's nich' genau wie der Anfang von irgendwas an?

Guck nur, all die kleinen Sterne, Mann.

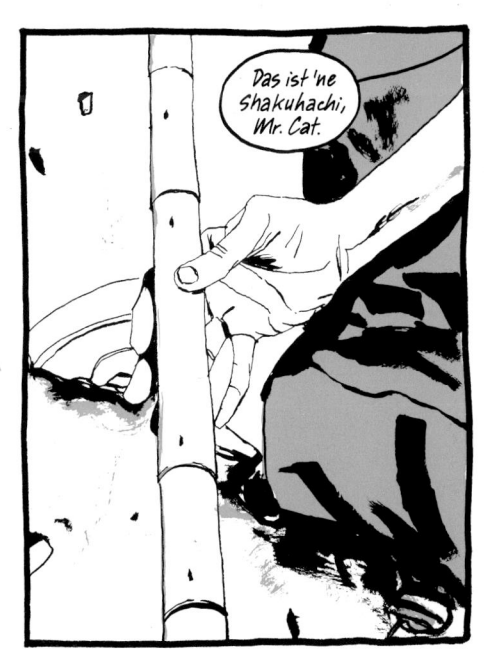

Was meinst du, wie viele kleine Sternmänner und Sternkatzen da oben schwatzen?	Millionen kleine Stimmen von Milliarden kleinen Inseln im großen, dunklen, schwarzen Himmelsmeer.	Meinst du, sie reden grad über uns? Hmm?
	Das Leben geht dir ganz schön am Schwanz vorbei, was, Mr. Cat?	Bestimmt gibt's auf dieser Welt keine glücklichere Katze.
	Hmm? Das?	Das ist 'ne Shakuhachi, Mr. Cat.

Ein Instrument von so feiner und irritierender Abwechslung, daß die Vögel aufhören zu singen, wenn sie sein süßes Lied hören, damit sie sich nicht schämen.
Mißtrauischer Kater, hm?
Mister mißtrauischer Kater?
Zieh los. Wir werden sehen, was uns die Nacht bringt.

19

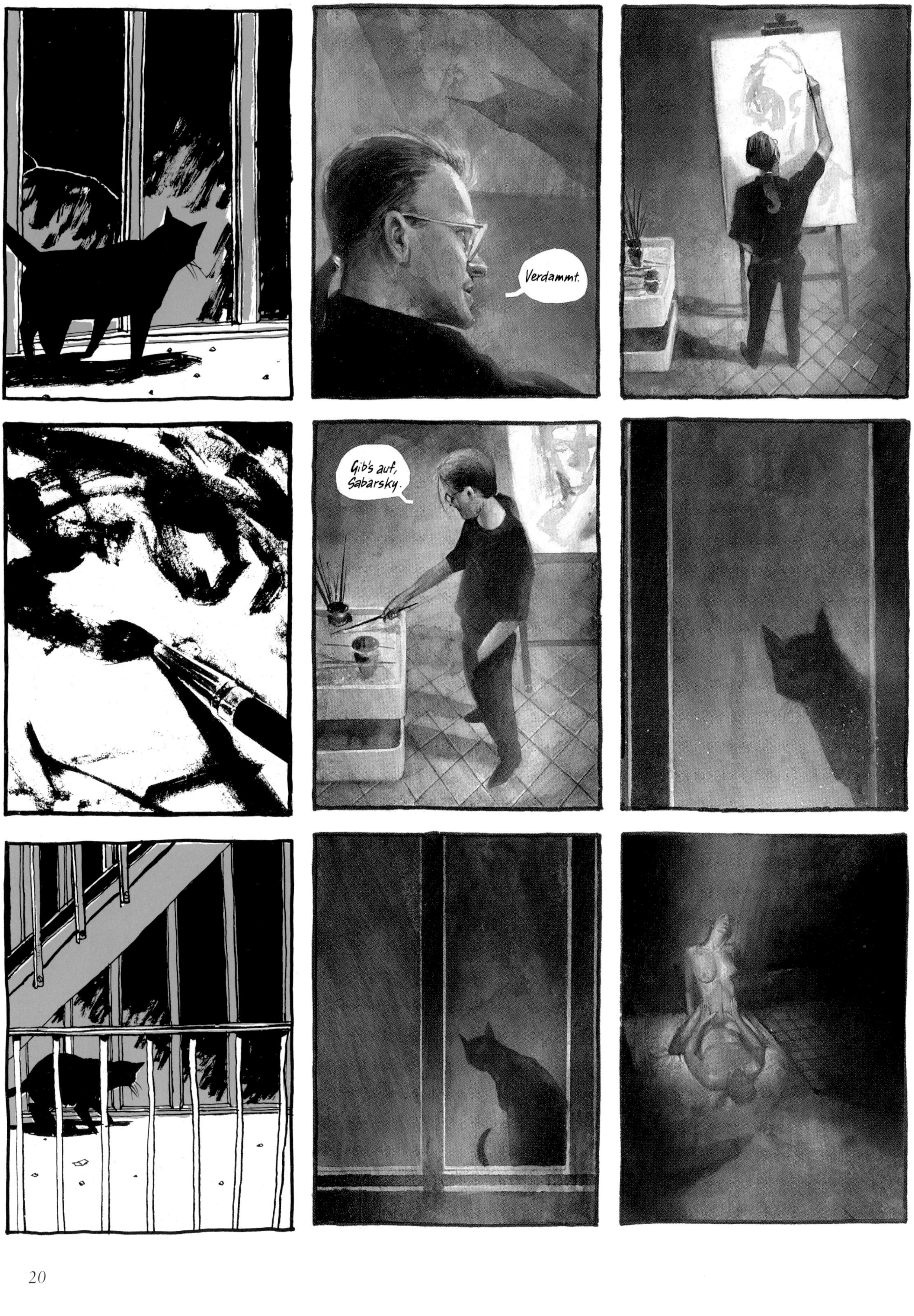
Verdammt.
Gib's auf, Sabarsky.

Da bist du ja wieder.

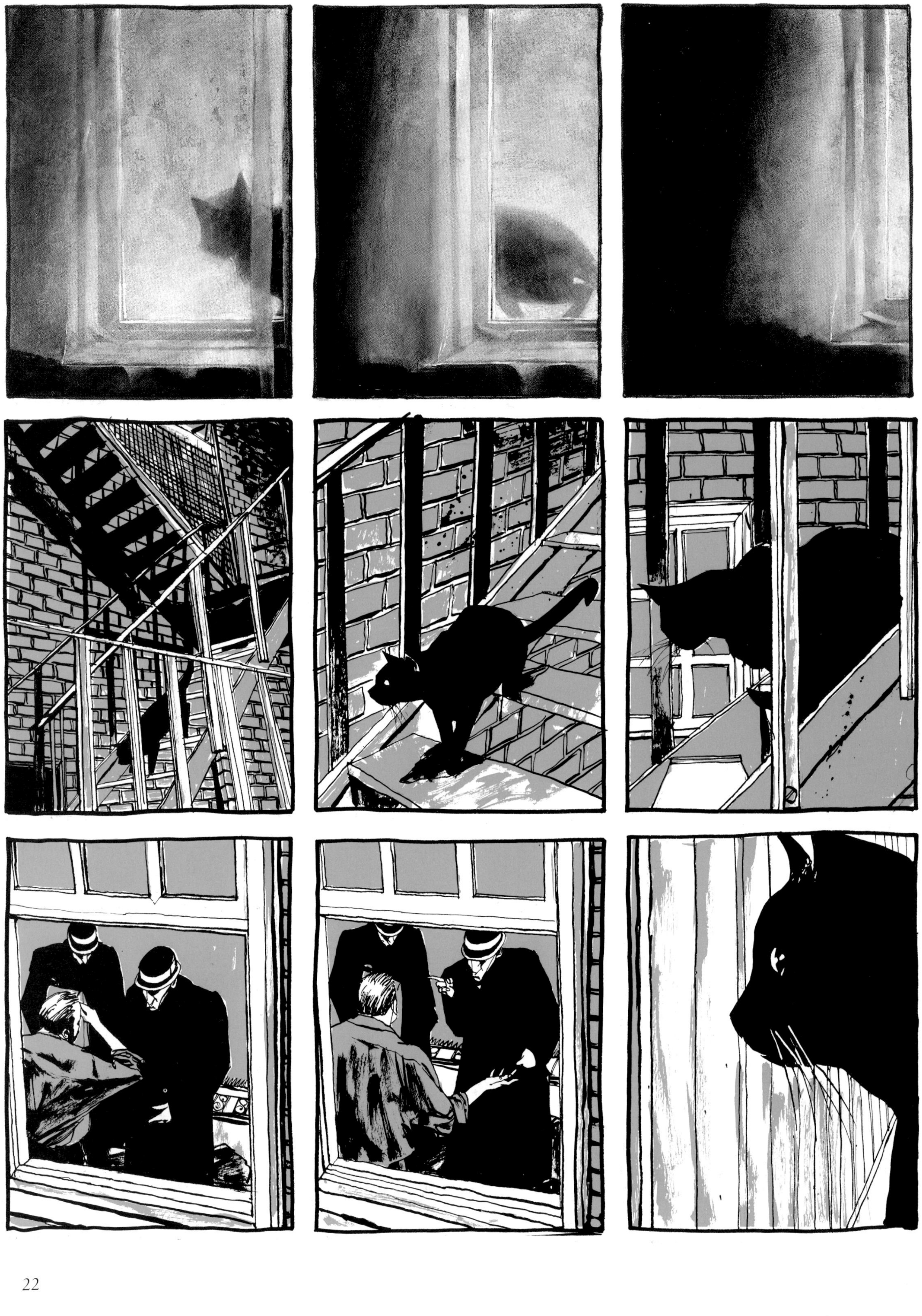

23

KAH KAH
SCHEISSKERL!
SCHEISSKERL!

SCHEISSKERL
KAH!

KAH KAH

Hau ab! Hau ab!
Du scheußliches Ding!

> Hallo.

> Bist auf der Jagd, was?

Hör mal, ich versuche, diese Adresse hier zu finden.

Hier.

Kannst du mir überhaupt helfen?

Vielleicht?

Ich sehe, es liegt dir auf der Zunge.

Oh, entschuldige... du kannst ja nicht sprechen.

Hier. Zeichne mir eine Karte.

SIE...!
...haben sich verirrt.
HALLO, MEIN NAMF IST JEFFRE
Äh, ja, ich versuche, dieses Haus zu finden.
Ich glaube wirklich nicht, daß das wahr ist.
Ähm, tja... doch, ich versuche wirklich, dieses Haus zu finden.
Aber Sie wissen nicht, wo Sie jetzt sind. Verstehen Sie den Sinn meiner Aussage?
Meine Güte.
Ich weiß, wo Sie sind.

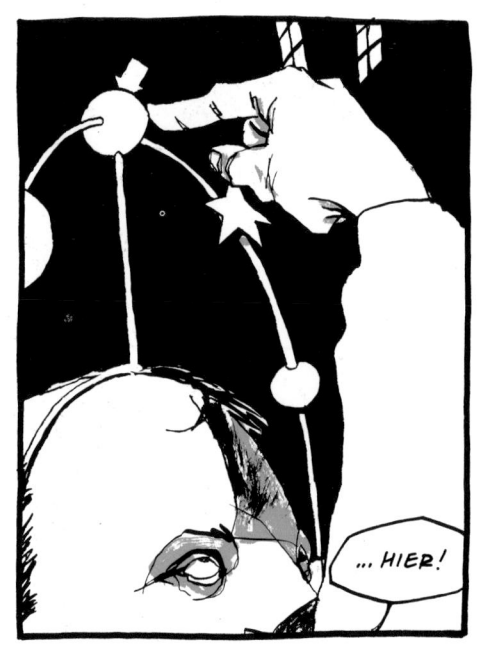

Panel 1: Gut, gut... Reden Sie weiter.

Panel 2: Sie sind geeenau...

Panel 3: ...HIER!

Panel 4: Sind Sie sicher, daß Sie ohne Begleitung rausdürfen?

Panel 5: Verstehen Sie nicht? Wie winzig wir sind? Daß wir alle nur Bauern sind in Gottes großem Schachspiel des Lebens.

Panel 6: Ich bin kein Bauer.

Panel 7: Doch! Doch! Sie sind ein Bauer!

Panel 8: Er ist ein Bauer. Ich bin ein Bauer, wir alle sind... Bauern.

Ich kann Ihnen versichern, daß ich kein Bauer bin, und ich habe ärztliche Unterlagen, die das beweisen.
Ah, aber auch wenn wir solch winzige und kleine und winzige Dinger sind und in diesem gewaltigen und riesigen Schachspiel auf unseren Bäuchen krabbeln... und großen... Schachspiel des Lebens...
Sie werden mir nicht verraten, wo diese Adresse ist, oder?
... selbst dann gibt uns Gott den Schlüssel zu allen Fragen.
Tut er das?
Aber sicher, ich habe ihn hier in der Tasche.
HALLO, MEIN NAME IST JEFFR
Oh, Mist!
HALLO, MEIN NAME IST JEFFREY
Was ist denn?
Ich bin sicher, daß ich ihn in diese Hose gesteckt habe.

Oh, Scheiße.
Wo hatten Sie ihn zuletzt?
HALLO
Vielleicht ist er in meiner anderen Hose.
Ich flitze eben nach Hause und hole ihn. Es dauert nicht lange.
Wie sieht er aus?
Es dauert nicht lange...
Wiedersehen, Jeffrey.
Der da redet wirres Zeug.
Also, ich sag, wie's ist.
Ich kann mit diesem ganzen verdrehten Geschwätz nichts anfangen. Reden und reden, ohne ein verdammtes Wort zu sagen.

— Was wollen Sie?

— Ganz genau. Ich meine, was wollen wir alle?

— Ein Dach über unseren müden Köpfen, einen Platz, um unsere müden Augen auszuruhen.
Etwas zu beißen. Nichts Ausgefallenes, verstehen Sie. Ein Stück Brot und einen Schluck, was gegen den Hunger.

Ein bißchen Gesellschaft. Vielleicht was zu arbeiten.
Ein Gefühl der Identität, der spirituellen Identität. Oh, satt sein und zu trinken haben und gelegentlich ein guter Fick, schön und gut. Aber was ist mit der Seele, Söhnchen?

— Der Mensch muß was fühlen, hier drin.

— Was kostet eine Tasse Tee?

— Ah, Sie sind ein Heiliger und ein Retter, Sir.

"Gott erfüllt Ihre Wünsche, mein Freund. Haben Sie ein gutes Leben."

"Ich will nur wissen, wo Meru House ist!"

"Sehen Sie sich um, Söhnchen..."

"...Ihr Wunsch ist erfüllt..."

2. KAPITEL:
Aufstieg

Nein, warten Sie, „keine Tugend"... Sie hatten recht, tut mir leid.	WAS?	Mein Name ist Leo Sabarsky. Ich wohne in Apartment sechs.
Da ist eine Taube, ich muß die Taube füttern.		Ich verstehe.
Ich gehe einfach rauf.	Was?	Ich gehe einfach aufs Zimmer.

Ich bringe Sie gleich auf Ihr Zimmer.	Hm... gut, okay.	
	"Sie kratzte diese Krümel zusammen und formte eine kleine, runde, matschige Kugel." "Das", sagte sie, "ist die Welt."	Man wird Sie in die Klapsmühle stecken, wenn Sie weiter Selbstgespräche führen.
Nein, nein. Ich habe... mir ist nur gerade eine Geschichte eingefallen.	Keine "Ich-Ich-Ich"-Geschichten.	Die ertrage ich nicht. Äh... nein, es ging um den Neuanfang. Ganz neu anfangen.

Der Umzug hierher hat mich daran erinnert.
Ein neuer Anfang.
Woher kommen Sie, mein Lieber?
Äh... na ja, gewohnt habe ich bei...
Ich sagte, woher kommen Sie?
Von ziemlich weit...
Abendessen ist fertig, Mrs. Featherskill.
Das ist unsere Mrs. Featherskill.
Nette Frau. Einfach und nett.
Wir sind alle einfach und nett hier.
Das ist...
Das ist...

Panel 2: WAS?

Panel 3: Ach ja, sind meine Kisten schon angekommen?

Panel 4: Ihre Sachen sind gestern abend gekommen.

Panel 5: Wirklich?

Panel 6: Was?

Panel 7: Meine Kisten... angekommen.

Panel 8: Das habe ich doch gerade gesagt. Passen Sie auf, ich hab nur eine Lunge.

Interessant.

Ich kann nicht alles wiederholen, was ich sage.

Das ist zermürbend.

Es tut mir leid...

Zwei Burschen haben gestern abend alles nach oben gebracht.

"Sie haben gekeucht und geschnauft wie die Tauben. Na, ich gab ihnen eine Tasse Tee, und dann zwitscherten sie davon."

"Das ist gut."

"Was?"

"Gut. Das ist... gut."

"So, da wären wir."

"Ich hab das Ding hier irgendwo."

"Also... Mr. Staffel, nicht wahr?"

"Wie bitte?"

"Das macht einen Monat im voraus, minus Anzahlung."

Panel 1: Mein Name ist Sabarsky. Leo Sabarsky.

Panel 2: Was?
Mein Name. Leo Sabarsky.

Panel 3: Und wo ist dann Mr. Staffel?

Panel 4: Ich glaube, das ist die Bezeichnung für die...
Hören Sie, ich habe ein Zimmer für einen Mr. Staffel. Ich kann nicht jeden reinlassen.

Panel 5: Ich glaube... Sehen Sie, das da bin ich.

Panel 6: Wenn Sie nicht der sind, der Sie sein sollten, das ist nicht gut, oder?
Wir können nicht rumlaufen und nicht die sein, für die wir uns ausgeben, sonst... Worin liegt dann der Sinn?

Panel 7: Es ist okay, da, das bin ich.

Panel 8: "Mr. Sabarsky".

Panel 9: Und wer ist dann das?

Panel 1: Das heißt „Meister-Staffelei".

Panel 2: Diese Liste habe ich für die Umzugsleute ausgefüllt. Meister-Staffelei, kleine Staffelei, sechs Umzugskartons, eine Kommode, dumm-di-dumm, sehen Sie? Meister-Staffelei.

Panel 4: Eine große Staffelei.

Panel 6: Ich male.

Panel 8: Ich denke, dann ist alles in Ordnung.

Panel 9: Aber wenn Mr. Staffel sein Zimmer haben will, müssen Sie es räumen.

Kein Problem.
Nichts als Sorgen und Ärger.
Ich habe schon ohne Ihre Heimlichtuerei mehr Sorgen als eine Taube.
Tauben mit Sorgen.
Was?
Nichts.
So... da wären wir.
Wissen Sie, das einzige, was ich nicht mag, sind diese „Ich-Ich-Ich"-Geschichten.
Ach ja?

Panel 1: Nein, ich mag gute Erzähler.
Für mich ist eine Geschichte keine Geschichte, wenn sie nicht mit „Es war einmal" anfängt und mit „glücklich bis an ihr Ende" aufhört.

Panel 2: Stimmt.

Panel 3: Herrje, Mrs. Featherskill wird glauben, ich sei ausgeflogen, ohne ihr das Abendessen zu bringen.

Panel 4: Eh...eh...

Panel 5: Ich werde Sie jetzt allein lassen.
Hier ist Ihr Schlüssel.

Panel 6: Bis nachher, mein Lieber.

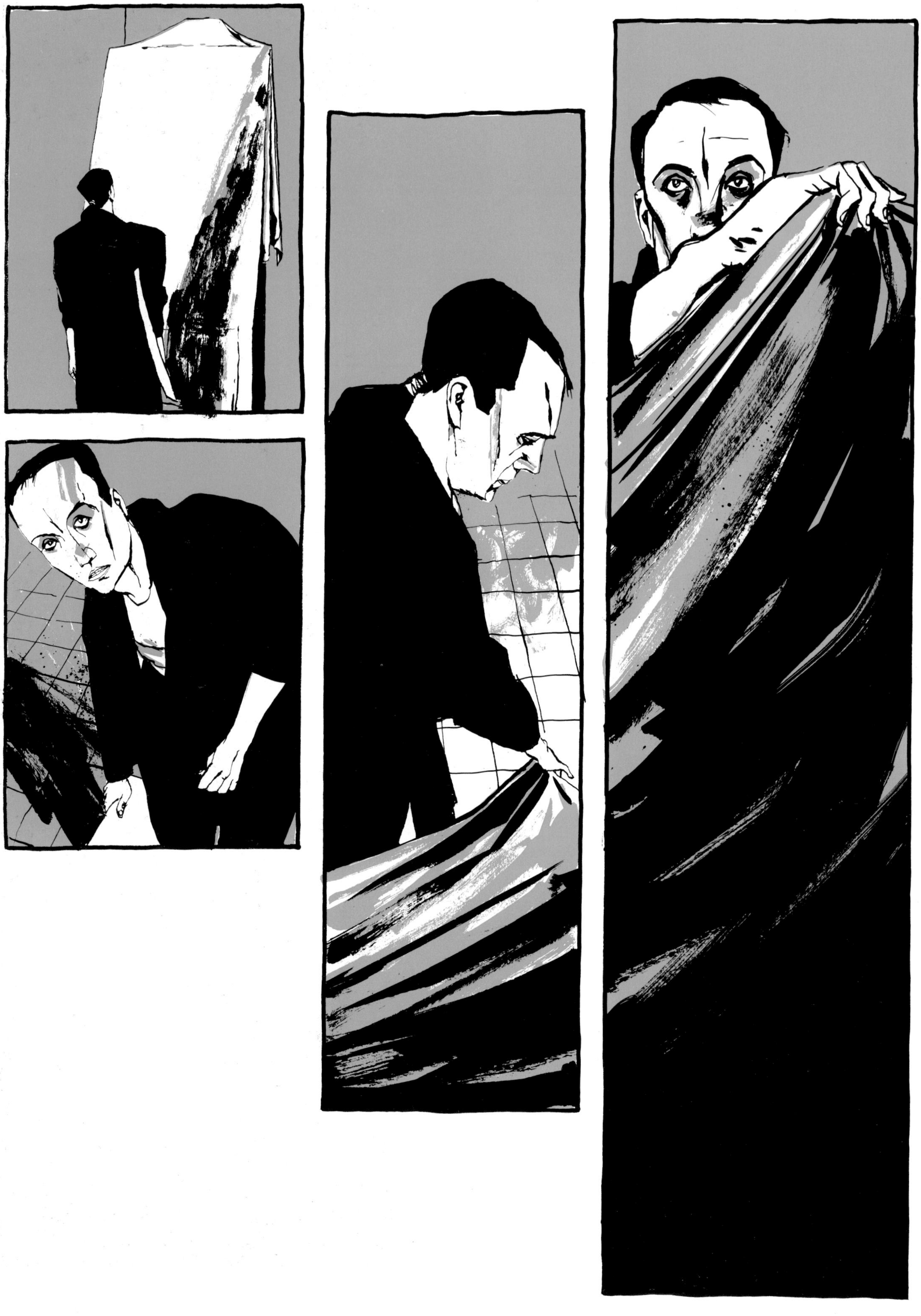

3. KAPITEL:
Anfänge

52

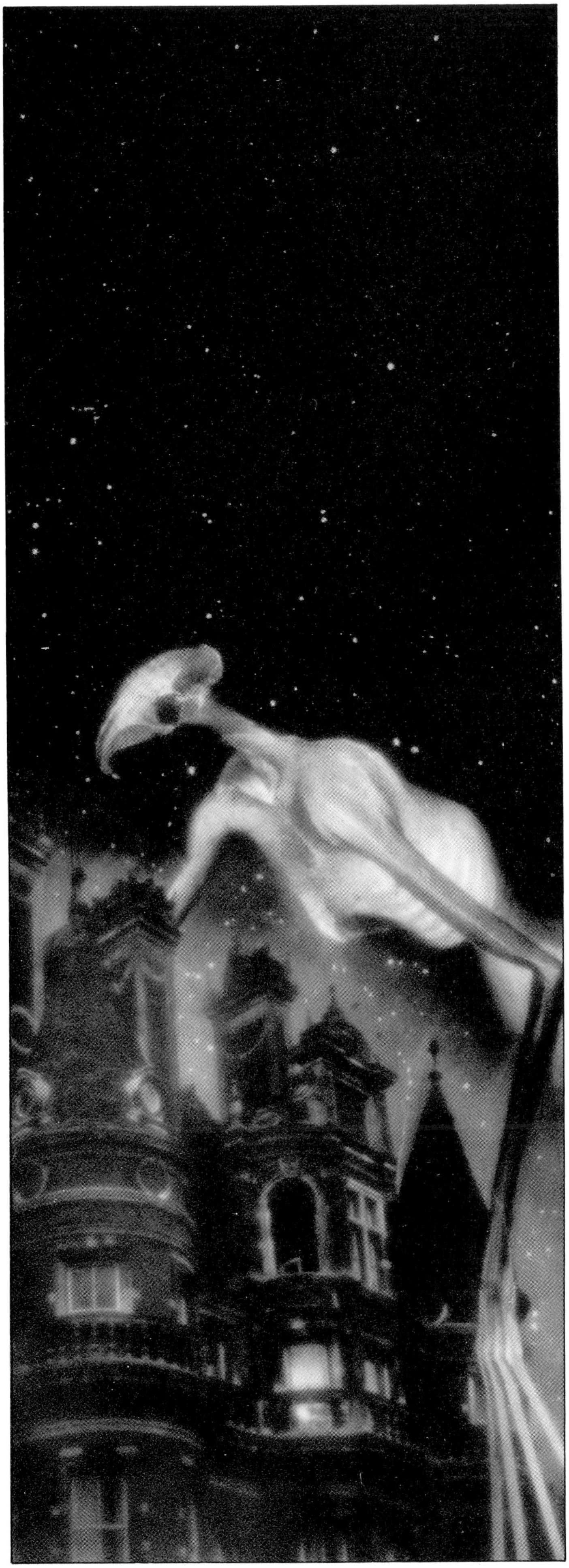
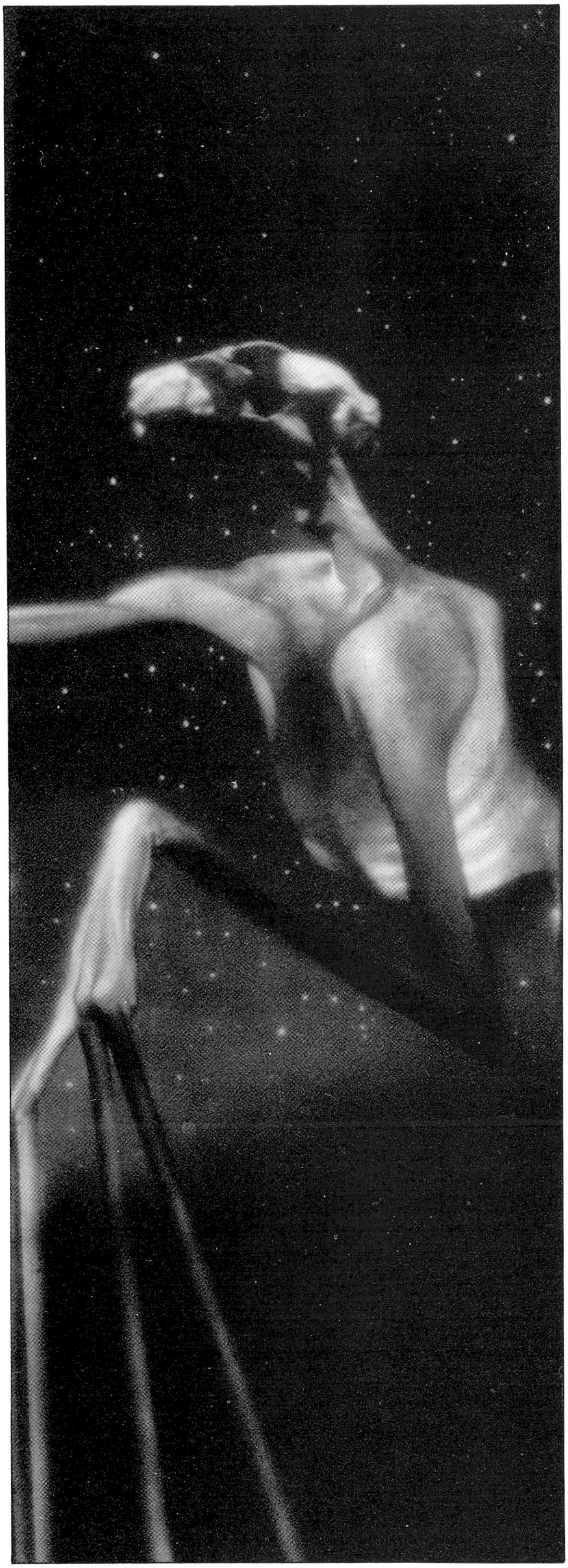

54

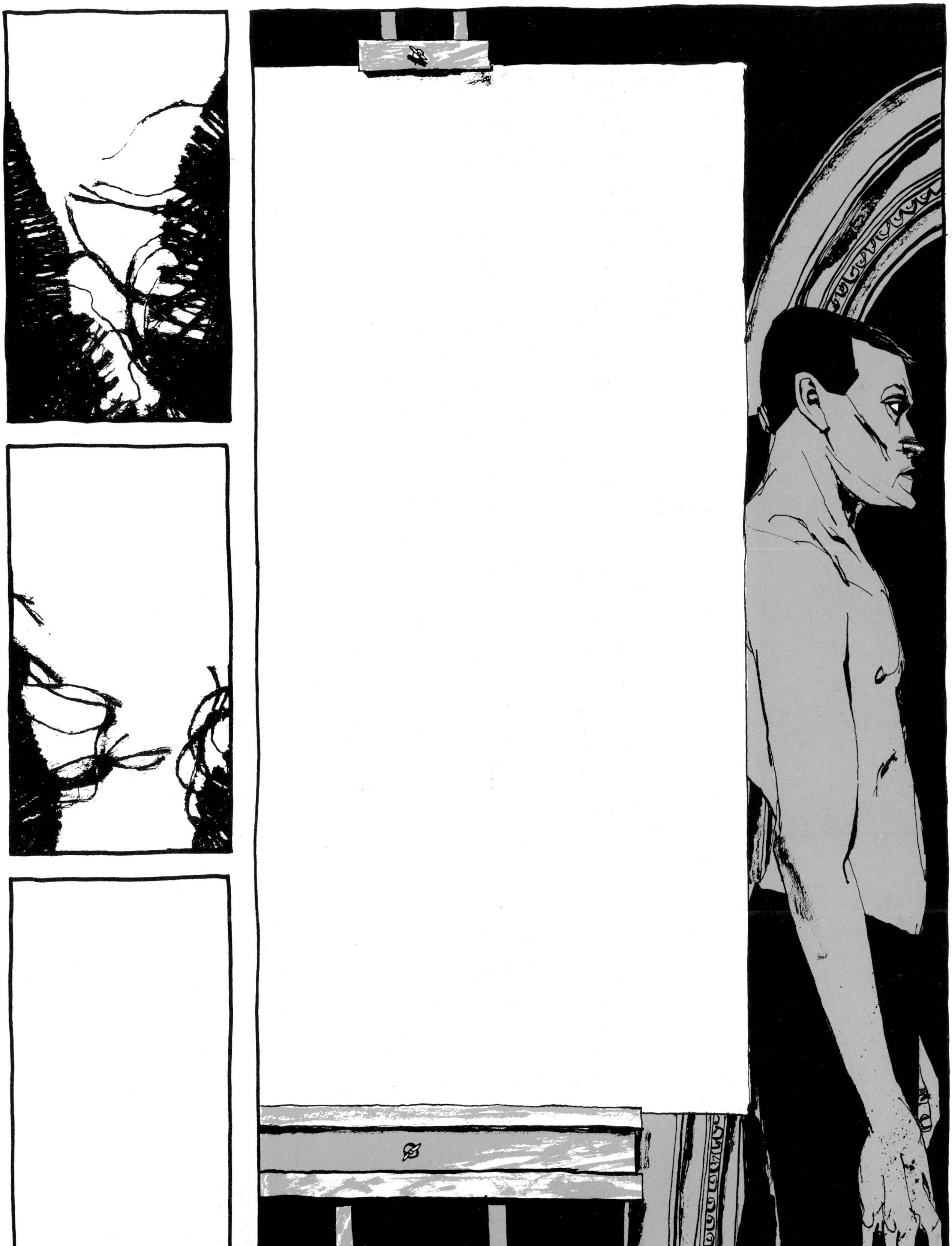

Herrje!
KNOCK KNOCK
Juu-huu.
Einen Moment.
Was?
Wer könnte das sein?
Juu-huu, Mr. Sabbath.

	Mr. Sabbath.	Sabarsky.
Sabarthy.	Barsky.	Barky?
	Fast. Was kann ich für Sie tun, Mrs. Was?	Was? Genau. Kommen Sie rein.

Ich wollte Ihnen nur sagen, daß Ihre restlichen Sachen raufgebracht werden.
Oh, gut, ich werde ihnen helfen. übrigens...
Ja, mein Lieber?
Wo sind die Gerüste geblieben?
Die was, mein Lieber?
KNOCK KNOCK
He! Ich hab hier 'ne Acht-zu-sechs un' 'ne Zwei-zu-drei für... Sabarsky.
OBEN
Das bin ich. Kommen Sie rein.
He, Jonah! Hier oben, okay?!
Wem sagste das! Immer der verdammte oberste Stock, was?

Kann ich helfen?
Könn' wa unsern Scheißjob nich' selbst?
Nein, nein, ich dachte nur...
Denken Se, was Se woll'n, okay?
Denken?
Unter-schreiben! Seh ich aus wie 'n verdammter Gummibaum? Ich bin schon 'ne halbe Stunde zu spät dran!
Hier gibt's kein' verdammten Aufzug, Jonah, du mußt das Scheißzeug rauftragen!
Und da!
Ich sehe Sie unten, Mr. Barky.
Ja, okay, Mrs.... äh...
Und da.
Ist das alles?
Das war's. Jonah, beweg deinen verdammten Arsch!

Hier, für Sie.
JOES UMZÜGE
SERVICE IST UNSER VERDAMMTES GESCHÄFT
Schön' Tach noch!
Danke.
huhh... hugh... Huh... humrp. h...
Huh... huhhhu...

OBEN
Hallo?
OBEN
Hah ung huh Hallo, ja, ha...
O Gott, geben Sie her.
OBEN
Nein, hah, nein, huh, ich schaff das, huhh, huh...
Sind Sie sicher? Die ist schwer.
Nein. Geht schon. Ziemlich huhh, AHH... leicht huh, ehrlich...

Nun... wenn Sie...
AHH, huh...
WAS? WAS?
Nichts, Sir, nichts. Nur huhh... etwas außer Atem, hah...
Lassen Sie mich helfen.
Nein. Bitte, huh, das ist mein Job huh... hah...
Hnn, huhhh... fast da... uhn...
AHH...
O Gott...
Gehn Sie! Gehn Sie! Mnnnh...
Ich fasse mit an...
NEIN! TUN SIE... mnnn... EINFACH SO, ALS WÄR ICH GA' NICH' HIER...Hmmnn.
Hum, nngh... Huhungh... nng...

63

Panel 2: Das? / Jah!

Panel 3: Tabletten, Sie wollen eine Tablette?!

Panel 4: Tah!

Panel 6: Heh, huh... hahhh... Nngh. Hahh... viel... vielen Dank, Sir... danke...

Panel 7: Warum tun Sie das?! Sind das Herztabletten? Mein Gott!

Panel 8: Hah, huh... ich? Herz? HA, HAH, nein, äh... nein, nein... ja...

Panel 9: Geht's wieder?

Erzähl'n Sie's... huh... nicht Joe, Sir...
Was?
Bitte, Sir, ich ahuh... hab das Zeug raufgeschafft, oder?
Ja, natürlich, aber...
Bitte, Sir, ahuh... ich bin wieder okay... uh.
Ich komm schon klar, ahnh... Oje, Sir... Die oberen Etagen schaffen mich jedesmal, Sir...
Möchten Sie ein Glas Wasser?
Nein, nein, mir geht's gut, ahnh, ich... harrmph... komm schon zurecht, Sir.
Wiedersehn.
Sein Sie vorsichtig.
AHHhh...

Oh, Gott.
Kein oh…
keine Angst, Sir. Ich
bin nur gestolpert, Sir.
Berufsrisiko, wissen Sie.
Hier…
Nein, nein…
Alles okay.
Willst du da oben
Wurzeln schlagen
oder was?
Komme gleich.
Wiedersehn,
Sir.

knock
knock

Das kann nicht sein, nicht schon wieder.

Ich glaube nicht, daß sie es sind.

Wer sollte es dann sein?

Keine Ahnung, aber sie sind es nicht.

Mach nicht auf.

Sch...

Hallo?

Wer ist da?

Äh, hallo... mein Name ist Sabarsky, Leo Sabarsky.

Hallo?
Was wollen Sie, Mr. Sabarsky?
Äh... ich bin gerade oben eingezogen... gestern... Ich bin gestern eingezogen und wollte Sie fragen, ob ich mir eine Tasse Zucker leihen kann...
... bitte.
Und was wollen Sie mit dem Zucker, Mr. Sabarsky?
Äh... ich würde mir gerne Tee machen.
Ich habe nur Wein eingepackt, und ich weiß noch nicht, wo die Läden sind, darum würde ich mir gern etwas Zucker ausleihen, um mir einen Tee zu machen.
Verstehe.
Und etwas Milch.
Und Milch?
Na ja, und ein paar Teebeutel. Aber keine Angst, Wasser und eine Tasse habe ich.
Gut, gut.
Oh, Moment, hab ich nicht. Könnte ich auch eine Tasse haben?

"Okay, der Zucker war ein Vorwand." "Vorwand."	"Die Hausmeisterin hat mir heute morgen erzählt, daß Sie Schriftsteller sind." "Ich wollte guten Tag sagen und mich vorstellen. Der Zucker war ein Vorwand."	
"Äh... Kommen Sie rein."	"Jonathan..." "Schon gut."	
"Entschuldigen Sie die Unordnung, Mr. Sabarsky." "Leo." "Leo."	"Wissen Sie, Sie erinnern mich an jemanden..."	"Das passiert mir häufig."

	Nein, Sie erinnern mich wirklich an jemanden.	Äh... Möchten Sie etwas trinken, Leo?
Ein schönes Zimmer. Schön und hell...	Viel...	...Platz.
Wir... waren die vielen Sachen einfach leid.	Äh... ja... nun...	Ich hole den Tee. Fein... fein...

Panel 1: Mein Gott.

Panel 3: Diese Augen...

Panel 5: Arbeiten Sie in der Gegend, Leo?
Nein, ich bin hier, um zu malen und zu zeichnen und so. Ich brauchte einen Tapetenwechsel.

Panel 6: Gibt es hier in der Nähe interessante Motive? Ich skizziere am liebsten Menschen.
Ich... ich kenne mich hier nicht besonders gut aus. Ich glaube, der Club gegenüber ist ziemlich beliebt.

Panel 7: Prima. Ich seh ihn mir mal an... Hey, ich weiß, wer Sie sind.

Panel 9: Ich wußte, daß ich Sie kenne. Ich habe Sie sogar mal gezeichnet. Ich erinnere mich an Ihre Augen. Beim Zeichnen achtet man sehr genau auf die Details.

— Das war einmal, Leo.

— Hey, wissen Sie, ich habe es sogar hier. Darf ich es Ihnen schenken? Ihre Bücher haben mir so viel gegeben.

— Leo, ich...

— Ich bin gleich wieder da.

— Schon zurück. Gott, die Welt ist wirklich klein.

— Nun, was meinen Sie?

— Ich...

— Ich mag es.

— Sie behalten es, und wenn Sie es nicht mehr sehen können, schmeißen Sie es raus.

— Danke, Leo.

— Hey, „Rhetorische Konversationen"... Ich liebe dieses Buch.

— Sie haben es gelesen?

Panel 1: Na ja... es wurde mir vorgelesen. Mein Vater starb, als ich noch klein war. Eine Tante kam regelmäßig vorbei und half uns. Tante Phoebe las mir aus diesem Buch vor. Mein Gott, ich habe seit Jahren nicht an sie gedacht.

Panel 2: Ich hole den Tee.
Hm? O ja, fein.

Panel 3: Tante Phoebe. Sie war total verrückt. Das Buch gefiel ihr, weil sie auch immer mit Dingen sprach.

Panel 4: Wenn wir einkaufen gingen, fragte sie alle Sachen, die ihr gefielen, wie es ihnen geht und ob es ihnen etwas ausmacht, gekauft zu werden. Sie meinte, Obst und Gemüse könnten sich miteinander angefreundet haben, und sie wollte sie nicht trennen.

Panel 5: Wirklich?
O ja. Ein Einkauf mit Tante Phoebe dauerte sechs oder sieben Stunden.

Panel 6: Das glaube ich.
Einmal wurde sie aus einem Fischgeschäft geworfen, weil sie sich mit einer Makrele stritt.

Panel 7: War sie tot?
Sehr. Sie sagte, sie hätte Bemerkungen über ihre Figur gemacht oder so.

Panel 8: Meine Mutter war über ihre Anwesenheit nicht sehr froh, glaube ich, aber ich mochte sie. Sie lebte in ihrer eigenen Welt. Stellen Sie sich vor, Sie fragen einen Baum, wie es ist, ein Baum zu sein.

Panel 9: Klingt so, als sei sie sehr einsam gewesen.

Panel 1: He...

Panel 3: Ich glaube, ja.
Ihr Mann starb ungefähr zur gleichen Zeit wie mein Vater. Ich glaube, dadurch hat meine Mutter sie näher kennengelernt.
Geteiltes Leid.

Panel 4: Er war auch etwas seltsam. Er hatte eine Tierhandlung. Mein Vater überredete mich zu einem Hund. Der Wunsch eines jeden Jungen. Jungen wollen Hunde.

Panel 5: Soweit ich mich erinnere, wollte ich eine Trompete. Aber nun hieß es: Hund oder gar nichts. Also gingen wir zu meinem Onkel.

Panel 6: Es war ein eigenartiger Laden. Statt daß man sich einen Hund aussuchte, bestimmten sie, welcher Hund zu einem paßte.

Panel 7: Hört sich nach einer genialen Art an, Hunde mit Fehlern loszuwerden.

Panel 8: Genau. Mein Vater war überzeugt, daß sie nur den einen Hund hatten. Wir führten ein langes Gespräch, und am Ende sagte mein Onkel: „Ich habe genau den richtigen Hund für euch", und sie bringen ihr einziges Tier rein.

Panel 9: Jedenfalls redeten wir über eine Stunde mit meinem Onkel, und er sagt: „Ich habe genau den richtigen Hund für euch", und herein kommt dieser lächerliche Vierbeiner namens „Klops".

Panel 1:
- Klops?
- Ja, unser Hund hieß Klops.

Panel 2:
- War der Name angemessen?
- Ja, er war ein totaler Klops.

Panel 3:
- Wir hatten ihn ungefähr drei Stunden. Er hat die Küche demoliert und das Treppengeländer abgerissen.

Panel 4:
- Er hat unser Abendbrot aufgefressen und die Kabel angebissen. Mein Vater beschloß, den Hund in „Verhängnis" umzutaufen.

Panel 5:
- Als Kompromiß schlug meine Mutter „Unglück" vor. Aber nachdem er seine Aktentasche aufgefressen hatte, brachte mein Vater ihn zurück.

Panel 6:
- Ich würde es gerne noch einmal lesen.
- Möchten Sie es ausleihen?

Panel 7:
- Darf ich? Ich weiß, es ist wertvoll.
- Ha... Keine Ahnung, warum ich das Zeug behalte.

Panel 8:
- Ist das Ihr Ernst? Ich weiß, es ist bei weitem nicht „Cages", aber es hat trotzdem seinen Wert.
- Ich war jung und dumm. Ich dachte, ich wüßte alles.

Panel 9:
- Es war ein beeindruckendes Debüt.
- Es war anmaßendes Geschwätz. Wenn es überhaupt einen Wert hatte, dann wurde er durch oberflächliche stilistische Mätzchen zunichte gemacht.

Also... mir hat es gefallen.	Tut mir leid. Ich wollte Sie nicht kränken. Es freut mich, wenn es Ihnen etwas Vergnügen bereitet hat.	Woran arbeiten Sie jetzt? — Oh, ich schreibe nicht mehr. Ich bin ein verbitterter alter Kerl. Wen interessiert schon das Geschreibsel eines alten Griesgrams. Gelegentlich eine Kritik, das ist alles.
Sie schicken mir diese Bücher. Rezensionsexemplare. Sehen Sie sich das Zeug an.	Lesen Sie die alle? — Nein, Gott bewahre. Nur die, bei denen wenigstens ein Funke überspringt. Den anderen...	Den anderen gebe ich ein neues Leben. — Was machen Sie da?!
Ein Buch ist etwas Wunderbares, Leo.	Ich meine die Form, die Seiten. Wenn man ein Leben hingibt, um diese Seiten zu schaffen, hat man die Pflicht, sie mit Ideen zu füllen. Das ist die einzige Möglichkeit, ihnen das Leben zurückzugeben.	Das hier sind verdorbene, verstümmelte, leidende Dinge, Leo.

Ich gebe ihnen wenigstens einen Sinn und erlöse sie von ihrem Leiden.
Was ist los?
Ich... ich hasse es, Bücher brennen zu sehen. Es hat etwas Monströses.
Bitte entschuldigen Sie meinen Mann, Mr. Sabarsky. Wir haben selten Besuch, und wenn, spielt mein Mann gern den visionären, revolutionären Autor.
Ha, ha... meine Frau hat recht, Leo, ich entschuldige mich. Sagen Sie, woran arbeiten Sie hier?
Tja... ich versuche, mein Leben in den Griff zu bekommen.
Seit Jahren wollte ich eine Pause machen, und plötzlich ist sie da.
Jetzt.
Letzte Nacht bin ich eingezogen und habe mein Zimmer eingerichtet, und dann sehe ich die Staffelei. Alles ist aufgebaut.
Jahrelang habe ich über diesen blöden kleinen Käfig gejammert und geklagt, in dem ich arbeitete...
... Sie wissen ja, wie schnell einen die Leute in Schubladen stecken. Ich mußte einfach mal raus und... spielen. Wieder zu mir kommen, verstehen Sie?

Also sah ich die Leinwand an und zog das Laken weg...
... und starrte auf diese riesige weiße Fläche und wußte... das ist es.
Ich kann alles machen. Die Möglichkeiten sind grenzenlos. Ich bin der Anfang und das Ende.
Ich war gespannt, wie der erste Strich sein würde, wie er sich bewegen, welche Farbe und Form er haben würde...
Und da bekam ich eine Scheißangst.
Ha, ha... Angst vor der Freiheit, Leo.
Wir sind alle Vögel, jeder gefangen in einem hübschen Käfig. Manchmal fliegt man zu einem etwas größeren, aber nie hat man den Mut, die Gefangenschaft wirklich zu verlassen.

79

Was redest du da für 'n Scheiß, Mann? Von wegen Dreiviertel ist besser als Vierviertel? Was ist das für 'n Scheiß?

Hey, und wenn du dich auf deinen verdammten Kopf stellst, bis die Hölle gefriert, das bedeutet 'nen Scheißdreck...

Von diesem schwarzen Arsch auf diesem Stuhl an diesem Tisch kommt die Wahrheit. Hörst du, was ich sag?

Und was sagst du? Daß Dreiviertel besser ist als Vierviertel.
Yeah!
Du verarschst mich!
Verdammt richtig, Mann.
Du verarschst mich verdammt richtig. Wie kann 'n verdammter Takt besser sein als 'n anderer?
Hey! Macht mal dicht!
Gönnt uns 'ne Pause, okay? Angel spielt.

Heyyyy... coole Nummer, Angel.

Was ist, spielt ihr morgen, Jungs?

Ich spiele, Mann, und diese Wanzen begleiten mich, Kleiner.

Hey, wen nennst du 'ne verfluchte Wanze, Mann? Du mit deinem blöden Improvisationsscheiß.

Boop, widdley widdley poop...

...paddle oddle wheeep...

...Mann, selbst Leute, die so 'n Scheiß mögen, stehn nicht drauf.

Ich muß spielen. Ich seh euch später, okay?

Bis dann, Angel.

Bleib cool, Mann.

Wieso quatschst du mich so voll, Mann? Ich spiel was Neues. Du hast Schiß vor was Neuem.

Ich hab vor gar nichts Schiß, Mann, schon gar nicht vor diesem widdle-widdle-Scheiß.

Red keinen Mist, Mann. Du spielst diesen dämlichen Street Jazz, weil dir dein blöder Arsch wichtiger ist als die Musik.

Du kannst es nicht, du kapierst es nicht, und du hast Angst, Mann, Angst, daß man dich durchschaut.

Du redest doch bloß Mist, Mann.

83

Du fühlst dich bloß sicher mit deinen flotten Melodien, Mann, aber wenn's um Gefühle geht, Mann, lebst du auf 'nem anderen Stern.
Auf deinem verfluchten Widdle-Planeten, Mann.
Hört auf mit dem Scheiß, okay?
Ihr seid einer wie der andere. Wie oft wollt ihr diesen verdammten Mist noch durchkauen?
Du weißt verdammt gut, daß in seinem modernen Orchesterzeug genauso viel Gefühl steckt wie in gutem Jazz.
Komm mir nicht mit diesem spießigen „Kleinster-gemeinsamer-Nenner"-Scheiß, nur weil du keine Noten kennst.
Und du! Du hörst dich an wie einer von diesen verblödeten weißen College-Boys mit ihrem „Diese Neger wachsen so unzivilisiert auf, so unverbildet..."
Für die ist Jazz Volkskunst. Ihr solltet es besser wissen.

Also laßt den Scheiß und hört Angel zu. Vielleicht lernt ihr beide was.

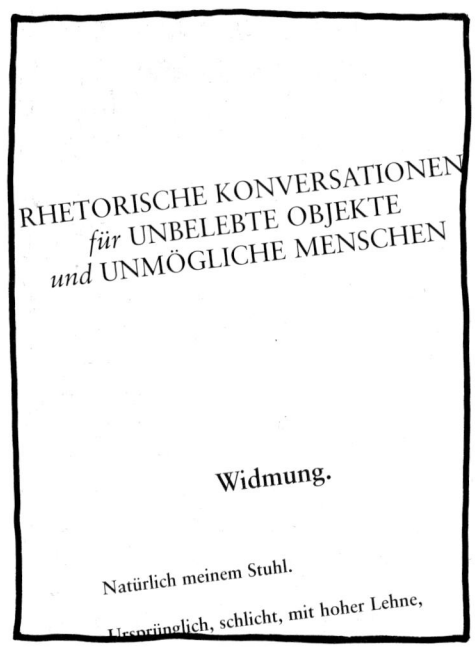

RHETORISCHE KONVERSATIONEN
für UNBELEBTE OBJEKTE
und UNMÖGLICHE MENSCHEN

Widmung.

Natürlich meinem Stuhl.

Ursprünglich, schlicht, mit hoher Lehne,

Widmung.

Natürlich meinem Stuhl.

Ursprünglich, schlicht, mit hoher Lehne und starken Beinen, eine geduldige Mutter und zärtliche Geliebte.

Die Konturen nur am Rückgrat unterbrochen.

Die Einzelteile, einfallsreiche, handähnliche Motive, die Beine winden sich hinab, vier Himmelsrichtungen, die mir den Weg weisen. Vier Jahreszeiten, vier Ecken, vorwärts.

Und meinem Tisch.

Protzig, Eiche, erzählt einen guten Witz.

An den Rändern reich verziert, bedeckt mit Narben, voller Gelassenheit.

Außerdem der Abfall, der sich unter meinen Füßen kräuselt

und hinter meinem Rücken plappert.

Kreisende Worte, wie Papierfetzen,

ziellos treibend, flüstern mir manchmal

zu.

Habt Dank, ihr Klatschtanten, Schwafler und Schwätzer,

Schwindler, Lästerer, Taugenichtse und Quatschköpfe.

Ich liebe euch alle, ihr verräterischen Marktschreier.

Und dann ist da mein Fenster.

Ein bißchen einsilbig, mein Fenster.

Es macht nicht viele Worte.

Sitzt einfach nur da und ist ein Fenster.

Drinnen sieht draußen sieht drinnen sieht ...

Aber meine Tür.

Überrascht die Gäste mit dem Gewicht ihres Klopfers. Ein großes Metallding, das auf einen Käfer schlägt. Ein Symbol für das Böse.

Betritt der Gast mein Haus, bestraft er erst die Laus.

Und die dritte Stufe.

Die, auf der ich sitze. Und schreibe. Und die mich stützt.

Ein Freund. Ich nenne sie »3. Stufe«.

Etwas einfallslos, ich geb's zu. Aber … angemessen, wissen Sie.

Und den vielen anderen Objekten, die mich umgeben, anthropomorphen und sonstigen, widme ich dieses Buch.

Ich spreche auf die eine oder andere Art mit euch,

und indem ihr einfach nur da seid, sprecht ihr zu mir.

Was…?

Panel 1: knock knock

Panel 2: Wer ist da?

Panel 3: Leo. Entschuldigen Sie die Störung. Wissen Sie, was das für ein Geräusch ist?

Panel 4: Hallo, Leo. / Tut mir leid, hören Sie das?

Panel 5: Es hört sich an wie... äh... wie ein tiefes Brummen, wie von einer riesigen Biene. Die Wände haben gewackelt. So ein warmes... tiefes...

Panel 6: Arbeiten sie immer noch an dem Haus, oder streichelt jemand eine riesige Biene?

Panel 7: Leo... / Ja?

Panel 8: Leo... ein anderes Mal, okay?

Panel 9: Oh... ja, natürlich.

Ich habe Besuch.
Natürlich... Entschuldigung.
Wir sehen uns.
Aber ja. Tschüs.

	"Der Türrahmen ist der sicherste Platz bei einem Erdbeben."	"War es das?"
"Was denn?" "Das Geräusch?" "Welches Geräusch?"	"Haben Sie es nicht gehört? Vor ungefähr fünf Minuten?"	"Was denn gehört?"
"Oh... ist... schon gut."	"Wie geht's mit dem Malen?"	"Äh... na ja, nicht so gut, glaube ich."

Panel 1: Keine Angst, mein Lieber. Ich hätte eine Tante, die malte... na ja, sie hat geflochten, aber das ist fast dasselbe.

Panel 2: Sie starrte tagelang auf das Stroh und ihr Lehrbuch, und plötzlich, puff... los ging's, flink wie eine Taube, von der Muse geküßt.

Panel 3:
— Wirklich? Tja, man weiß nie.
— Stimmt. Man weiß nie.

Panel 4: Seltsam, oder?

Panel 5:
— Äh... ja. Tschüs.
— Tschüs, mein Lieber.

Panel 6: RHETORICAL for INANIM and IMPRO

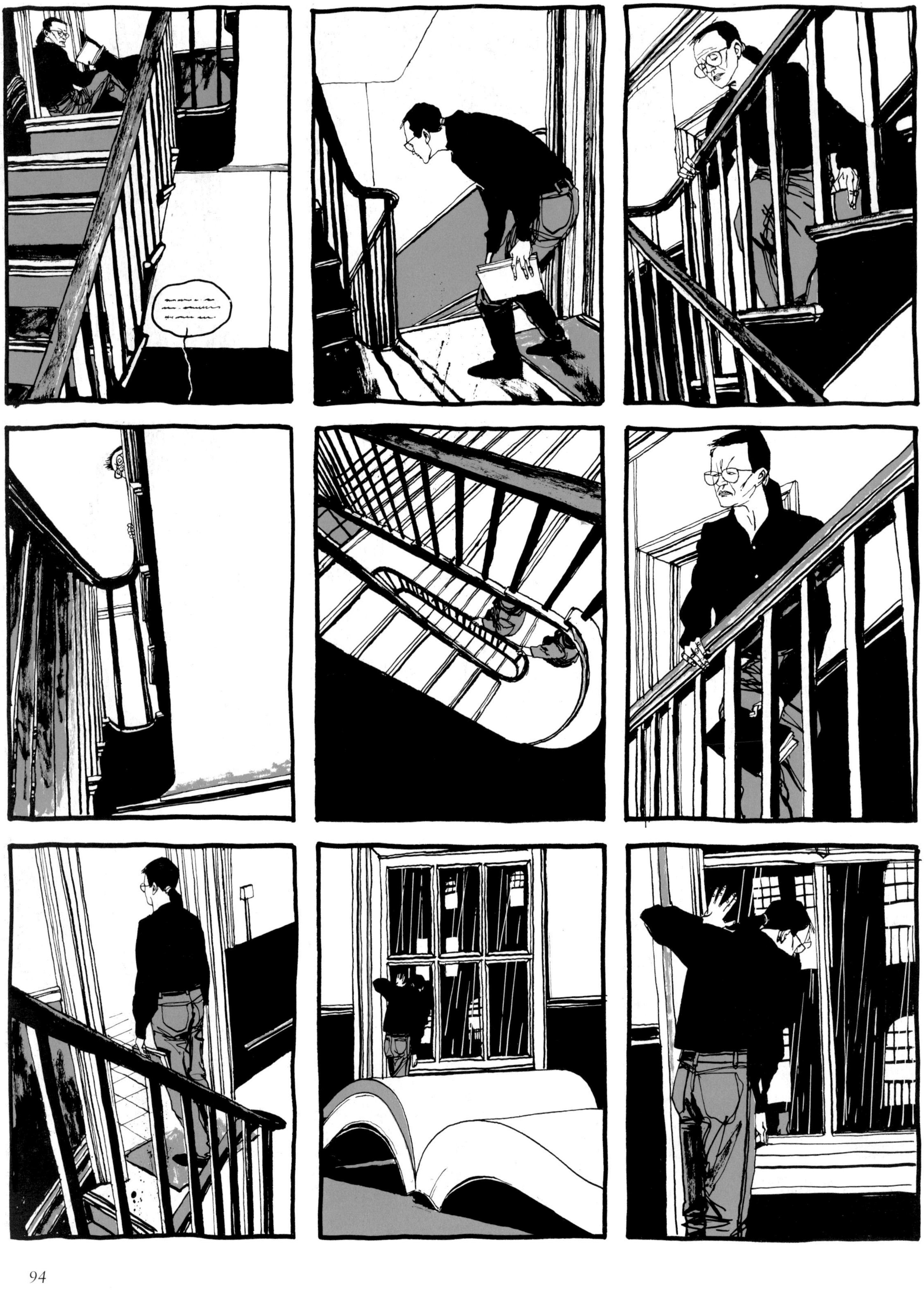

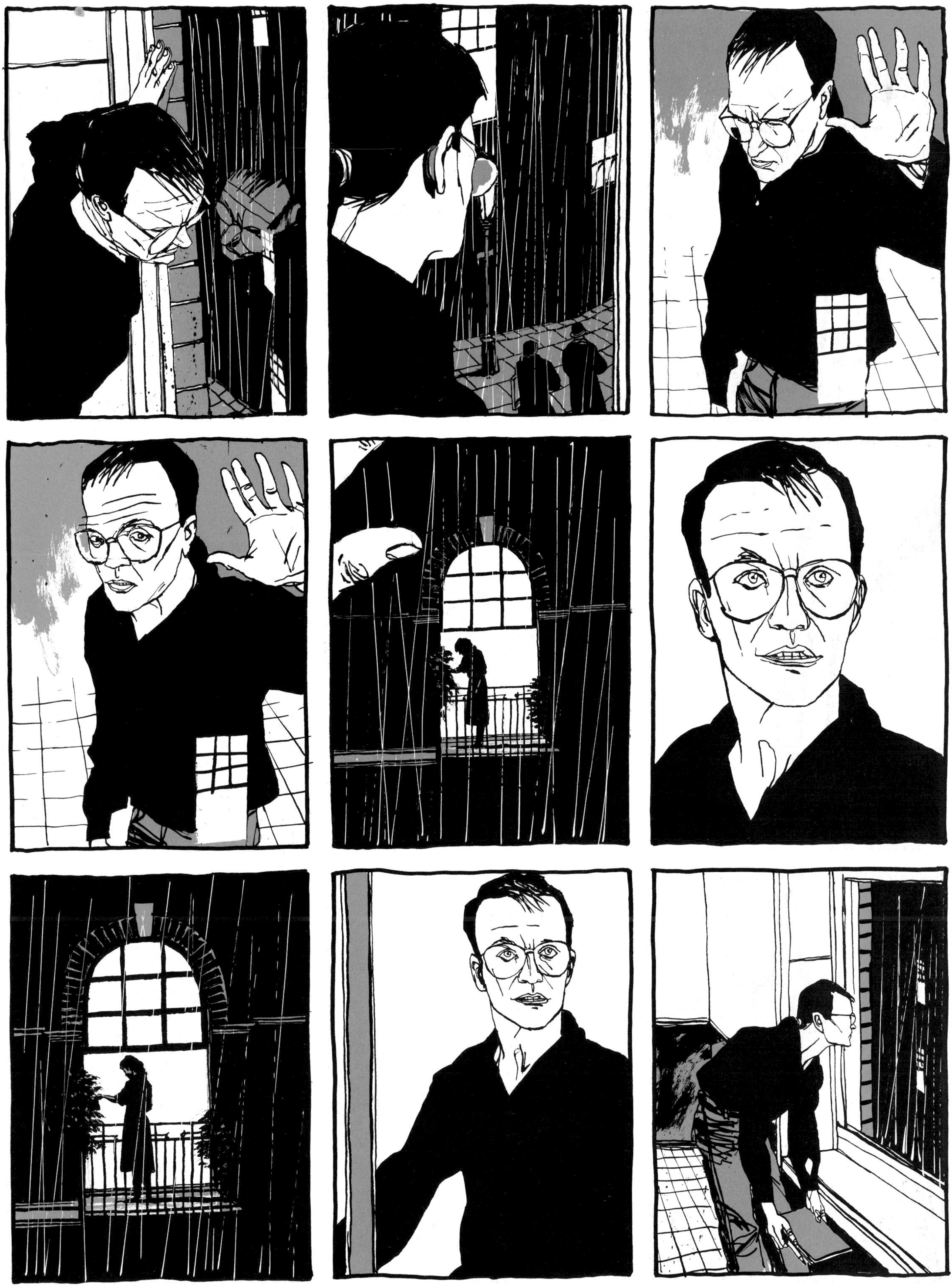

KAPITEL 3
Anfänge

Das ständige Weiß ließ die Pinsel,
ausgefranst, wie sie waren,
was für ein Anblick,
ohne Widerspruch
die Farben anrühren und mischen. »Richtig«,
sagte Michelangelo.
»Wie sieht es in dir aus?«
Und das Papier entgegnete:
»Hau ab, du Spaghetti!
Ich bin weiß und vollkommen,
ich bin zart strukturiert,
ich bin Kumulus, Elfenbein, toskanische Mauern.
An sich natürlich,
bin ich equadrilateral,
wenn du mich bemalen willst,
dann erweis dich als würdig,
kannst du mich wirklich verbessern?
Hast du den Mut?«

Das Papier
Ehrfurcht
Der Maler
Angst
der Läufer
spürte einen Sieg der leblosen Dinge
und blickte blasiert.